COMO QUIEN NADA ENTIENDE

COMO QUIEN NADA ENTIENDE

BENITO DEL PLIEGO

3/10

COMO QUIEN NADA ENTIENDE
Primera edición: abril 2024

© De los poemas: Benito del Pliego
© De la fotografía del autor: Nacho Fernández
© Del diseño de cubierta y maquetación: Nautilus Ediciones
© De la selección de poetas y coordinación editorial: Samuel Trigueros
   Nautilus Ediciones
   nautilusedicioneshn@gmail.com

ISBN: 978-84-10241-13-8
Depósito Legal: Z 715-2024

Impreso en España, Unión Europea

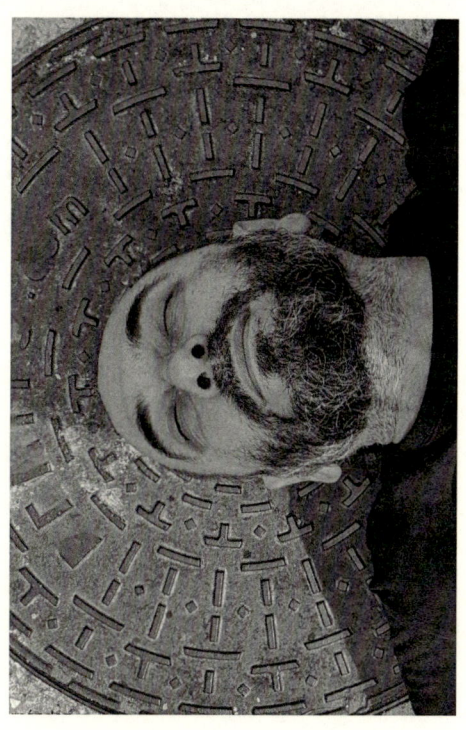

BENITO DEL PLIEGO
(Madrid, España, 1970)

Ha publicado libros de poemas como *Merma* (2009), *Muesca* (2010), *Extracción* (2013) o *Posos de lectura* (2019). En Nueva York se tradujo al inglés su poemario *Fábula* y en Sao Paulo, al portugués, una sección de *Índice*. Entre 1993 y 1998 formó parte, en Madrid, del colectivo de obra gráfica y poesía Delta 9. Ha colaborado en la creación de varios libros con el artista Pedro Núñez. Es autor de ensayos y antologías, como *Extracomunitarios. Nueve poetas latinoamericanos en España* (2013) o *Yunaites. Poesía en español en los Estados Unidos* (2014). Ha editado libros como el ensayo de Juan Larrea *Luz iluminada* (2019), o *Polaris. Muestra heterodoxa de poesía* de

Isel Rivero (2021). Ha traducido al castellano —en colaboración con Andrés Fisher— la poesía de Gertrude Stein, Lew Welch, Michael McClure, Philip Whalen (junto a Marcos Canteli) y —al inglés— el *Blues castellano* de Antonio Gamoneda. Su obra ha sido incluida en muestras nacionales e internacionales como la de *Forrest Gander Panic Cure. Poetry from Spain for the 21st Century* (2013), o la de Mónica de la Torre y Cristián Gómez *Malditos latinos malditos sudacas. Poesía iberoamericana made in USA* (2010). Es profesor en Appalachian State University, Carolina del Norte, EE.UU.

1

SE ESFUERZA POR QUE NADA de lo escrito quede, por que pasen letras como el agua pasa sobre la piedra y pasan y pasan y pasa y moldea. No con cincel, no con lija, no con buril ni cepillo; agua con agua en la que la rama se lava y luego se arrastra hasta el agua, y luego se pudre y luego, luego...

2

Sonidos y golpes, chasqueos, batacazos…

Revienta o hace reventar, reinventa, se estrella contra la concreta sequedad. A simple vista es piedra, pero amotínase contra quien momifica, lame la cara falaz, su lengua armada ama hasta el derrame.

Perforadora que deforesta, performática sin más, sinestésica, incapaz de paz.

3

Abunda líquida, se restriega y, aun así, no va a llegar y nunca llega. Allí va, una trasformación tras otra, como la edad.

Portead, teclead; carácter tras carácter y otra palabra va, afuera. Gotea, mea, chorrito de orina su verbo crea su arrollo, arrollo de letras sobre laderas, arrollo del yo que en nada da, arrullo del agua sobre las piedras.

MEMORIA Y NERVIACIONES

Cuidado
callado
cuadrado:

Nada se agita
nada se desenreda
memoria y nervadura
helada superficie
en varios tiempos:

yo fui yo soy.
Presuposiciones.
Superposiciones.

Profundidad
silencio
aire filmado.

ASCENSIÓN Y RENDIMIENTO

No florecer nunca:
el humo traza un zumbido de espinas
para medir la altura.

NO para culminarla
NO para culminarla
NO quiere colmarla.

Arde
sin florecer nunca.

MADERA

Déjate secar al sol:

una muesca se agita
en conciencia de savia
una muesca se agita
en conciencia que sangra
nuestra nueva muesca muestra
                    se agita:

resbala hasta hilvanar la línea.

1

TRONCOS SOBRE EL LAGO: la madera pulida arriba y se cobija entre las maderas.

2

Una mirada conjunta lo disperso: es la orilla a la que arriban los troncos en el lago.

3

Veo sus cuerpos lavados por el sol y el agua. Arriban a mis ojos, me comunican algo que no está en ellos.

4

Le mira tocar las maderas que arriban y se pregunta por el sentido. Roza sus troncos lavados por el tiempo y su gesto se confunde con el resplandor del sol y con el chapoteo.

5

La mirada que diverge y se mira tocando su piel. La reiteración que vuelve sobre la luz y el sonido de las emociones. La memoria de otro, que se agachó en solitario para tocar esta madera.

1
MIRA EN LA FRONDA una fronda lejana y lo que ve se aleja en el tiempo.

2
Se desdobla, y se mira mirando, y todo se aleja.

3
El placer de un mirar que reintegra: es ella, es la fronda, la distancia que todo lo crea.

4
Y todo, visto así, la suspensión de lo que ve.

1
SE CURVA SOBRE LAS BUTACAS y la luz es un sexo mojado en saliva.

2
Su cuerpo derrama el alcohol que contuvo otro vaso.

3
Pero emplaza, por contraste, una forma grosera del miedo.

4
Y todo lo mira desde el taller en sombra, y la casa es el cine y el sueño, el amor es capilla y burdel, y el poema reclusión y camino.

1
HERMANAS DEL VACÍO y de la opacidad: la conjunción de sus destinos oculta el aire, y el trazo es tan solo una grieta.

2
Lo mismo antes que después, igual a izquierda y a derecha.

3
Se quiebra y subdivide: deshacerse como se nace.

LA MADERA:

—«Resquebrajarse no es tarea para el sueño; la grieta requiere días. El agua penetra en lo que el sol caldea, y sobre el bálsamo de la humedad, llega el cincel del musgo. Nada me libra de seguir creciendo, hoy hacia la nada como ayer hacia la luz.

Descomponerse es trabajo laborioso, es un segundo nacimiento.»

En caso de incendio, inflamarse con él, hinchar las letras, ver cómo se retuerce el metal en que se apoyan. Una sola mención las modifica, caprichosa, en esta fragua.

Carnes desprendidas *serif* a *serif* de otras letras. Despojadas de quien las desposó, su forma misma caligrama sin más fin que finar.

Y luego, sobre la página, sus cadavéricas muecas. Verlas gesticular su comedia sin pedigrí, verlas rechistar, alienadas por otro mal —el del papel moneda.

1

ESTA MADERA NO ARDERÁ, no arderá de esta manera, es la mera verdad, la medida de la realidad: si prende fuego ego será; si no comprende no era madera, era no más; pero no aprenderá, no, no prenderá de esta manera.

2

Y para qué insistir si se trata de vivir y vivir no es siempre militar.

A qué insistir si solo se puede serrar para el fuego. Arrojarla verde sirve para desalentar. Cuidado con el intento de transformar, cuidado con la mano porque sin dedos no agarrará. No debes (ves) poner la mano en el fuego, no debes probar, no debes hablar de más, adónde quieres llegar, a dónde. Irás a dar a esta fosa en la que no se puede quemar lo que te dieron (no arderá).

1

POR ESTA HERIDA RESPIRA, por la forma en que se afianza la duda, un grano en el gran silo de nada.

Les oigo *falar*. Les oigo citar versos de Westfalen o Creeley. Y todos están muertos.

Lo que no termina de asociarse a lo que se pretende es visto con cejas de circunstancias. Nadie termina de cerrar el grifo. Estrategias a base de mortero. Cada cual defiende su media libra de láudano.

Así que tú a tu ritmo; la pereza de quién sabe qué; abierto como herida. Y que gire el molino.

2

Póngase los guantes y péguele: rómpale la jeta al elegido. Tal vez la mancha de sol en el pómulo izquierdo, tal vez sus ojos de azul.

Vaciar la escritura, llevarla a la luz donde surge el vacío. Hasta allí la hilera de letras. Hasta el fondo del nido entra el garabato y acumula migas de pan, muerte en vida.

Golpeando la res. Qué mejor afición que componer un vals con las notas de los dientes caídos.

HACEDORA DE ÁNGELES

Mira al ciprés angustiarse en aguja
Hacedora de Ángeles

Una violenta contracción de ternura
vacía de manos

Ofuscada mordiente
mitad en la sombra
exclusivo pastor
carne de mi carne
Pozo arrumbado
la imagen se pierde invertida
devorada de altura
por un tendón
a mí sujeta
Brocal de la nuez
a la bomba de un ojo
Desgajada de mí
Desgajada de mí
Batiente y distancia

Dos estelas dos filos
copa funesta de cómico alambre
colmillo que luchas
diente el ser contra diente
la nada

CIUDAD DE MÉXICO

¿Hacia dónde mira Teotihuacán
en su silencio inmune?

Ese signo que dibujas
permanecerá cuando lo calle el tiempo

Bajo la emanación
de luz con que respira el tatuaje de sus calles
las prolonga las contrae les lanza
el pulso y las detiene
como animal dormido
bajo esa piel que reproduce
toscamente el cielo
eriza sus puñales
y alza dientes de pavor
y se complace en su fractura
y pide paz...
bajo la emanación
de luz
esta ciudad resiste
y bajo todo lo que ves
en la azotea de este verso
y bajo todo lo que usted contemple

la ciudad resiste
no agotará su hondura

no agotará su hondura en sótanos
no agotarás su hondura en las cloacas ni en el túnel
que devora el dulce nido de petróleo

En lo profundo late
en lo profundo
donde mueren por asfixia las palabras
Es el corazón de jade verde
abrazado al cual nada palpita

Y cuando todos los ladridos
los filamentos de sus luces la caña
de los húmeros y tibias
el hormigón trizado
el peroné la médula
el diente el yeso
cedan tus cenizas al rescoldo
de la tierra
un callar percutirá
solo en el mundo el tambor
de su silente marcha

El verso que lees
será vestigio de tu boca
cuando la ciudad se apague

Miraremos la palabra que tú miras

Vendrán a ser Teotihuacán
todos los signos

NO PUEDE IMAGINARLO: viejos caminos en construcción que viejos pies prefieren. Miras el aire que se pobló de anhelos, pero todo está vacío. Un pájaro disuelto en las murallas de la tarde calcula su inquietud en el silencio.

CALLADAS, SOMNOLIENTAS; absorta en la medida del vacío, navega a la deriva por los ojos del azul, surcando su cadencia. En la plaza la huella de lo que no existe ensancha su agujero de domingo. Ciudadanos hormiguean su sensibilidad de cine. Rueda la contención perdida y en cada estanco resuelve el tiempo detenerse en forma de pantalla, de pompa deslumbrante junto al jardín de la mentira.

Miro cómo se remansa. El tráfico la invita a sumergir los pies en el sentido de las cosas, balbucea el porvenir de su inquietud, permite que observemos a los fósiles y cómo, antes del trazado de la piedra, la raíz modeló sus estrías. Se paran a pescar y el tráfago es silencio. Alivia la tarde soplando una llovizna de verano. Algunos flotan sumidos en cavernas, algo así como piedras liberadas de su peso.

MONÓTONA PASIÓN, cansancio, la huella se amontona ante la piedra. Los tallos de las cifras se incorporan al sillar, al arco, al gesto derretido de las caras que se ocultan tras la vista.

"Nada sabré de cuanto deseo —repite cansina la lengua en la espiral que aquel labró— Ellos habitan en mí y se calzan los despojos de mi voluntad".

Así descubre de qué forma todo fue atrapado en su caída: lo que expulsa de sí, a sí regresa por medio de gestos ajenos. El asco y la dicha comparten la doble lengua, entrada y salida.

Todo lo dicho es agua sobre roca, familia que amanece; aquí reincide en su escrúpulo de purificación y se da de bruces con latencias arrastradas por su credo.

1

DOMINGO, FIESTA DEPRAVADA en la que religión y picnic se
manosean.

2

Comparten su comida bajo el puente y arrojan en la orilla
desperdicios y prendas usadas.

3

Restalla la ira de Dios sobre un mar púrpura, y las criaturas
submarinas fosforecen como anuncios luminosos.

4

La muerte toma la forma de la confusión y las olas mezclan
cadáveres y tarteras.

Eduardo Milán

IDÉNTICA PREGUNTA: ¿será idéntica a sí la identidad?

La noche aquella de la repulsión y del desquicio, la noche de la arrasada toma de contacto con la dentada edad (la identidad): grieta o y griega. La cansada extrañeza de lo que ya. Y ya no es la noche aquella, sino el estar que se pregunta, otra vez el mismo, otra vez y otra vez él mismo.

Pero basta, basta de esperar que el otro nos redima.

La misma pregunta, la misma ansiedad (la edad), la misma forma de saltar sobre las zarzas a ver si la sangre engrasa o devuelve el deber. Y uno le roba allí al otro el pan, y allí a uno le cercan, y allí una va y te dice "ven", y allí va, y allí la luz de la ansiedad (la edad). Escribe y quiere escribir, y que alguien conteste, y volver a escribir y escribir el mismo, el mismo despertar, la misma tendencia a detonar.

1

NOS ROMPEREMOS LA ROPA, nos sacaremos el saco, nos escupiremos y después rodaremos entre rododendros, agarrados al grosor, apelando a nuestro pelo. Te apretaré la prótesis, te cogeré del gesto hasta que tus ojos pierdan su *O*, pierdan su brillo de yo, pierdan su *J* de espejo.

2

Quisiera hablar, pero le sale espuma. La boca se le infecta, le sale espuma. La lengua hinchada y de la lengua espuma. ¿De dónde tanta ansiedad? ¿De dónde este dolor que no se esfuma? No puede decir, no puede pensar, quisiera morder, quisiera ladrar, quisiera cerrar la rabia y cantar, pero le sale espuma.

DECRECE ROÍDA por ánimo y verdad que menosprecian. Uñas y cabellos caen y se pierden como los minutos del día. Al contrario que el polvo, que da peso a las cosas con su abrigo y su velo, la luz en que se ve la despedaza.

—«MÁS ELOCUENTE QUE TU VOZ, tu gesto; y más que un gesto tuyo, tu presencia —que contiene el gesto de tus gestos.

De tu hablar, tu duda; de tu seguridad, su corte súbito. Un balbuceo dice más que mil palabras.»

COMIENZAN POR CORTAR las ramas más altas para después rebajar la copa con una motosierra. Parece tarea fácil golpear con un hacha el tronco, abriendo cuñas en el árbol. Pero va más allá, pero es más complejo. Hay que cortar primero las ramas más fuertes y la copa para que no te arrastre en su caída; y luego tronco, y aún después de caído hay que hacer de su cuerpo leña sangrante. El mochón durante años sigue renaciendo.

Hijo, mantén a mano un hacha para ir degollando a sus hijos.

No es que no haya respuesta, es que no te atreves a ponerla en práctica.

"QUERÍAMOS QUE QUEDASE ALGO de nosotros" queríamos que nos tomase aparte, nos dijese sí, tu nombre no es en vano, tu nombre es una lápida en el tiempo, tu afán te salva, fama, tú permanecerás. Tú escribe, déjanos saber lo que has sufrido, lo que has cedido, lo que ya no queda de ti.

Queríamos saber que de nosotros quedaba un algo, queríamos saber que alguien algún día abriría la botella y allí nos encontrará ausentes, hallazgos, llagas del yo, pero yo ya ido, pero ya ego que se fue.

Queríamos que algo nuestro permaneciese, así fuera enterrado como nuestros propios huesos, pero más allá, pero inscritos de algún modo. Mapas en nosotros más que nosotros son, esa desposesión, esa destitución que nos da nombre, esa señal que fuera afuera.

Queríamos que alguna nada quedase, queríamos dejar trazo de este destrozo, de este tráfago de fango. Queríamos que alguna letra nos lastrara, queríamos que algún adiós, que algún grano, que un garabato, que un después, una persona. Queríamos que una persona, luego queríamos que alguien, alguno, alguna otra cosa nos sacase de aquí, de esta muerte segura a cada instante.

HELICÓPTEROS ROCÍAN AGUA EN EL REACTOR 3 Y CAMIONES CISTERNA SE PREPARAN PARA INYECTAR AGUA EN EL 3 Y EL 4

El Gobierno japonés ha decidido refrigerar por las bravas los reactores de Fukushima. Están perdiendo mucha agua. Las barras de combustible van a quedar al descubierto. Helicópteros rocían con agua de mar. El más peligroso contiene plutonio. Se trata de una auténtica lucha para evitar la fusión de los núcleos. Es demasiado dramático. No hay manera de contener el dramatismo apenas si es posible considerar la situación porque cómo se vive después? Una muerte que recuerdan demasiadas cabezas (al menos dos por persona), demasiados tumores. Llamativos los nombres cada cual a su modo atractivo Fukushima y Chernobyl eso sí no sé dónde el golpe de voz. La radioactividad Mazinger Z luego escuché lo del lobby Mazinger Z y la propulsión. No tenemos ni idea de la profundidad del charco o sí y solo la gente que como yo no se entera y el mundo es más sencillo (de destruir). Energía eléctrica. Culpa a tu batidora y a mi bombilla. Finalmente pequeños robots están asestando un golpe (no hace falta *dirty bomb*) en Fukushima Nagasaki Chernóbyl o Chernobil: su vileza su villanía. Aunque las radiaciones no han desaparecido la autoridad considera que hay que intervenir. Los helicópteros solo podrán acercarse 40 minutos para evitar la contaminación. Una pantalla protege a los soldados (televisión). La autoridad asegura que la primera fase ha funcionado y el agua llegó a la vasija. Pero

también las que aparecen rotas en enterramientos dicen que alguien vivió allí no que sigue vivo. Será semejante lo emocional? Se podrá dejar también al descubierto el material radioactivo? Vaciamiento de la piscina hasta que sea irreversible la fusión? Será semejante al modo en que se decide? Nos exponemos así a la radiación letal? Fukushima, *cherè no-vil*, villa qué-herida.

de: *benitodelpliego@gmail.com*
para: *unpoemaesparasiempre@gmail.com*
fecha: *2 de junio de 2015, 3:23*
asunto: OÍGO LA VOZ DEL BÚHO ES MI HER

oigo la voz del búho es mi her
mano el que me llama resue
na lejos desde el fondo de
la calle o quizás me ha vist
o entre olivares y me lla
ma yo me alegro y de inme
diato siento el peso de su au
sencia hace tantos años ya
su compañía sin embar
go arropa mi conciencia a pe
sar de que no sé si me re
conocería hoy si me en
contrase por estas calles
rodeadas de altos árboles
de ríos en los que cantan
unas ranas que nunca atra
pé durante años soña
ba con amigos quizás des
de la gran mudanza en qué pen
saba yo cuando inicié esta
forma de vivir la gran mu
danza dio un giro a mis certe
zas me hizo anhelar esa a
gitada vida que ocurrí
a allí como por desespe

ración como si no hubiese
futuro y hubiese que fu
márselo todo a una carta a un
a noche a una sola vida
pero también los sueños de
Ramón los sueños en los que a
parecía en los que nos
volvíamos a ver o ve
ía sus cosas sus mane
ras su actitud y allí no est
aba estaba el dolor de haber
le querido como un cacho
rro como los perros que él a
maba que él cuidaba y luego
mamá dejó de mencionar
el filo dejó de mencion
ar aquella soga al cuello
que de repente se le enros
có como si fuera la bo
a que devorase una vi
da y era la boa del tiem
po como el chiste una boa
una boa que vivan los
novios pero que viban con
b de buitre Pedro Rojas
sí ya sé yo tengo tantos
hermanos esta calma sol
edad esta mirada so
bre lo que existe y la voz del
buzo romanticismo es i
maginar que un día la oiré
y será la suya y nos ir
emos al bar o nos dare
mos un abrazo un abrazo

de: *benitodelpliego@gmail.com*
para: *unpoemaesparasiempre@gmail.com*
fecha: *12 de junio de 2015, 7:00*
asunto: AQUELLA RAMA AQUELLA SOMBRA

aquella rama aquella som
bra aquel bidón en el que es
pasmódicas nadaban las
larvas está bien está lo
recuerdo y entonces qué enton
ces qué necesidad de escrib
irlo aquí para que alguien te
lea para que alguien te ve
a pues ya no eres aquel que
vio el bidón que se sentó en las
lindes mira qué lindo ya en
tonces hacía mano en la es
critura se pueden leer
los textos escritos textos
no poesías no poemas
no pero siguen ahí en la
boca del lenguaje inscripción
en la boca de la lengua
lo primitivo del hablar
ya sé que no es hablar lo pri
mitivo de mirar las let
ras y conocerse *extranje*
ro como un jeroglífico di
ce Milán extranjero tam

bién él o es el mismo aquel
que se sentó bajo el almen
dro y fumó y miró los campa
narios y cruzó los oli
vares por las trochas abier
tas por el tractor el mismo aqu
el que el que escribe aquí o
yes el buzo oyes que no
se oye nadie aquí no hay mu
chachos bajo las estrellas
aquí aquí nadie tiene la
necesidad de conver
sar de la bondad de unos cal
cetines de algodón siempre
blancos ni la televisión
la miran ya desde el porche
la ventana abierta el mosquit
ero morirá mañana el
ayer y mañana qué des
camisado traerá qué co
sa que decir decir si tien
es algo que decir di lo
que tengas que decir ya sé
que no hay futuro no hay nación
pero cantas ay que ver qué
bonito canta usted si pu
diera meter la manos en
aquel bidón otra vez no
las sacaría más me me
tería entero en él pero
mejor piensa en la respira
ción y pasa de página

de: benitodelpliego@gmail.com
para: unpoemaesparasiempre@gmail.com
fecha: 23 de febrero de 2016, 19:08
*asunto: T*ODOS LOS RIESGOS ASUMI

todos los riesgos asumi
dos todas las batallas de
los gestos y el resto de las
acciones las actitudes
de que uno se preció se pre
cia ante otros como si fue
ra la justificación de
la propia vida hermano herma
nos a dónde nos han condu
cido estas descolorantes ac
titudes de superviven
cia fueron justificación
de una debilidad de una
torpeza de una falta de ím
petu para con la vida
ciudadana que se tiende a
conferir como intransferi
ble como estática como
mayúscula como oficial
como una más que una ú
nica carente de otra leg
itimación que la de ser
que la de ocupar el espac
io que ocupa así que sí de ahí

en adelante hay que to
mar otra actitud incorpor
arse en mitad de la carre
tera y decir que sean e
llos quienes tomen precaucio
nes yo soy así así per
o las experiencias pero
las impertinencias que qui
zás uno hermano cometa
cuando anda por ahí por
las alturas de la contest
ación de los placeres de
las cúpulas de los crápu
las de todas maneras
todo esto es teoría y el
que anda por la cuerda floja
alguna que otra vez se cae
caduca o cáscaras yo creí
que no pero resulta que
mira así andan las cosas las
esposas las cagué y ahora
qué qué pocas oportuni
dades para reparar el
daño hecho para enmendar
lo enmerdado cuál es la apuest
a moral cuál es sino amar
amalgamar lo amado en un
gran morral y arriesgarse a arar

DE BOSTON A PROVIDENCE

1

Llegar a Boston. La extrañeza es viajar obligado por una fuerza que ayer te hacía soñar.

Ciudad: fórmulas y movimiento. Gente, sus rasgos, sus cuerpos, su vestimenta, su actitud. Cada uno cargando su historia como nosotros cargamos nuestra historia. Vamos y venimos de ella y hacia ella. Tenemos un lugar, un destino hecho de obstinación y miedo.

Y aquí estamos, South Station, mirando hacia el panel que anuncia las salidas, alrededor de la duda, en torno al accidente, esperando que algo diga qué, esperando que algo diga "dispersaos".

2

Amable escritura, amable el movimiento sin destino, el péndulo, la pulsación que dice que estás vivo, que dice lo que oíste en otra voz, bajo otro brazo. Así, escribiendo escritura como la esgrima esgrime y hiere la herida.

Esto dice otra cosa, dice indecible, dice algo que no los abarca pero viaja entre ellos.

3

El enigma en ellos, nuestro propio enigma, y el mundo a que misteriosamente da lugar.

Ilegibles como piedra y árboles. Extraños a nuestra propia invocación.

Y todo así, al dictado de un atardecer, tirar de la madeja como quien teje una prenda que no sabe a quién va destinada.

4

Su alegría, su belleza, su mirada irrefutable, el modo en el que tocan el borde del asiento al caminar por los vagones; el modo en que caminan, su dignidad de pasajero, su cansancio, los olores de sus ropas y su pelo.

La sorpresa de notarlo, la sorpresa de decirlo, la sorpresa de decirlo y querer.

Atenas arde y no es la llama olímpica. Es la furia que avienta la debacle, Victoria de Samotracia rociada en gasolina.

El papel del fuego en nuestra evolución, incorporación visceral del fuego que reduce, dicen, la necesidad de largos intestinos, y hace posible la digestión, la concentración para leer un libro, trazar caballos, manos y bisontes.

De nuevo la estufa ardiendo, la madera que mantiene el calor, la hoguera que aleja con su bondad al bonzo que se nos quema. Apenas, apenas Atenas.

Atenas arde y no es la llama olímpica.

¿Con qué manos, Victoria, apagarás el fuego?

SB 1070

Se van a radicar, se van, se radican en Arizona, pero no tienen zona que avizorar. Se erizan y sin raíz se trizan, no se van a retirar, se van a izar, se van a reiterar.

Los radicales los ridiculizan, los radicales los quieren erradicar, los quieren capitalizar, pero ellos van, pero ellas van por Arizona, hacia Arizona, entre Arizona, aunque no haya zona en la que aterrizar.

DOS ESPAÑAS

1

españa va bien españa va bien españa ve babeé *buble* la burbuja inmobiliaria la movilizó españa va viento en popa *tudo bem* babel tanto vaivén de españa a expaña de este a *western* y al revés ya ves ya viste ya veo ya españah! va ven *babe* los barbitúricos las barbies más bien va bien qué bien que españa vaya también

2

españa no es chipre irlanda no es españa españa no es francia españa no es. alemania no es españa españa no es inglaterra holanda no es españa españa no es. eslovenia no es españa españa no es turquía costa rica no es españa españa no es. siria no es españa españa no es libia egipto no es españa españa no es. andorra no es españa españa no es grecia catalunya no es españa españa no es. euskadi no es españa españa no es castilla valencia no es españa españa no es. cuba no es españa españa no es el sahara guinea no es españa españa no es. españa no es españa España no es españa españa no es españa españa no es

1

No quiero volver, mamá, no quiero volver atrás y regresar
al gen de la edad y al gen de la genialidad. No quiero volver
atrás, llegar a la linde y lindamente decir *I give up! I'll come
back!* No quiero dar la vuelta y vomitar. Saludar otra vez
lo que dejé. *Ritornelo* y rendición, melodía de otro día y
cantinela acantilado.

Una y otra vez más, mamá. Otra vez más un paso atrás, para
ratificar aquel aquel, aquel ayer, arrimando la rima, arando
la rada con la misma razón, con la misma medida. La linde
y volver, recordarse y volver, contenerse y volver. *Vade retro,*
mamá. Con la misma yunta, por el derrotero de la derrota,
abrazada la hez. No quiero volver. No quiero volverte a leer.

2

Yo quiero ver, mamá, quiero llover, quiero seguir guiando
y continuar pues el ser todo es cantar y coser, coger, coger
el dos y contar y contar; si hay huella, bien; si no hay huella
ya, llanear al azar sin azada ni plan: lo ha dicho Milán (&
Perlongher), lo ha dicho Merlino: a la abertura, a la versura
aversión, al *loop*, al circo, a la regresión: mamá, te quiero,
más no te quiero volver a leer.

—«ME REPITO, vuelvo sobre las palabras como vuelven sobre sí las estaciones.

La certeza es responder como quien nada entiende, como si nunca antes hubiese habido respuesta.»

PALABRA TRAS PALABRA se borda el sinsentido. Lo que intentan se pudre. Mover los labios.

EL GRILLO

—«Quien aplasta con su pie al insecto que entró por una grieta y le incomoda con su ruido, escuchará después, más claramente, el misterio de la oscuridad y el vasto vacío del campo.

Lo difícil de escuchar suele ser lo que con más frecuencia y desazón se escucha.»

LA GOTERA

—«Los tejados no te cubren de lo que el matraz destila. El tiempo es fruta que espera sazón. Algo dice que pediste menos de lo que merecías.

Sobre el mantel, un grano de sal es mar. Por una gota el fogonero sabe que allí fuera está lloviendo.»

LOS ZAPATOS:

—«Un hueco es un lugar y un zapato un hueco donde caben multitud de direcciones.

El camino que atestigües hoy lo desatestiguarás mañana. Y pese a todo, tu puntera será el hito que se oponga a tus talones.

La boca misma es un zapato que se calza el vacío.»

BAJEMOS DE UNA VEZ esa pendiente, bajemos aunque no sea más que para subirla después con un trofeo de dolor o nada entre los dientes. Bajémosla, pues, aunque no haya más quién ni qué, aunque no haya luego más más que nuestra propia nostredad.

Es un camino largo, es largo, pero no hay sino salir, no hay sino bajarse y bajar. El viento podría deshojarnos de pies a cabeza. Que sea así, que sea algo.

1

¿QUÉ BUSCAS, LECTORA/ LECTOR? ¿Qué buscas aquí? ¿Con qué comparas estas extremadas letras? ¿Lees en nombre de quién?

Yo duda. La versificación diversifica. Da señal. Tiempo y espacio son letra. Da señal. Testimonia *omnia*, ¡eah!

2

Despierta, hermano, está planeando el día y por la cuesta rueda en enramada el sol. Desciende en dicha o en desdicha, en aprehensión o aprecio. El camino flanqueado de casas, el camino de signos, de sombra y de luz. Recorre así el día su humor sin mapa, su escarpado humor y su vegetación: cantando esta alegría ciega y alegre, inútil y alegre, palabra y alegre; como mirada, como despertar, más alegre que un paisaje de
barruntos.

Dale ahí, hermano pollo, dale ahí, donde el calor del sol hace espinacas y las despliega. Crece con ellas, disuelve tu sal en su raíz, aunque como sombra todo gire y se pierda.

Qué hermosura rotar así, sí. Despierta, hermano
sombra, hermano adiós, hermano nunca; José Luis, Lincoln, Genoveva. Todo un mundo aquí, en el lugar mismo de la ausencia, lejos de ti, formándose en sí mismo.

—«EL DESEO QUE SE INSTALA EN TI te multiplica; es agua que barniza de sol los adoquines. Confúndete en el resplandor que ciega y haz de la calle y de tus ojos agua donde tu deseo habita.»

—«ACÉRCATE A LA ORILLA donde el agua dulce pace, y sueña que el agua dulce te lleva.

Entra en la corriente y al salir te verás, sumergida en el paisaje de tu propio mirar, mirándote.»

SER MÁS SUTIL, granar bajo las muelas. Grietas y cortes sin lección ni futuro. Este es el proceso y la causa de las causas: de la nada el estar, y del estar la nada. Como letras, que sílaba a sílaba forman palabras con un solo sentido.

Nota sobre el origen de los textos

"Hacedora de Ángeles" y "Ciudad de México" proceden de *Fisiones* (Madrid: Delta 9, 1997); "Memoria y nerviaciones", "Ascensión y rendimiento" y "Madera" aparecieron en *Veladuras* (Madrid: Red de Arte Joven, 1997); "Calladas, somnolientas…" y "Monótona pasión…" pertenecen a la serie *Antesala o compulsa* (publicada en Revista *Autogiro*, en el otoño de 1998). Todas estas obras fueron recogidas en *Muesca* (Madrid: Amargord, 2010).

"No puede imaginarlo…" y "Palabra tras palabra…" aparecieron en *Alcance de la mano* (Nueva Orleans: ed. de autor, 1998), parcialmente reeditado como *Merma* (Tenerife: Baile del Sol, 2009).

"Troncos sobre el lago…", "Se curva sobre las butacas…", "Hermanas del vacío…", "Domingo, fiesta depravada...", "Decrece roída..." y "Ser más sutil..." proceden de *Índice* (Alcira: Germanía 2004; y Madrid: Varasek, 2011)

"La madera", "Más elocuente que tu voz…", "Me repito…", "El grillo", "La gotera", "Los zapatos", "El deseo que se instala en ti…", "Acércate a la orilla…" forman parte de *Fábula* (Badajoz: Aristas Martínez: 2012).

"Se esfuerza por que nada…", "En caso de incendio…", "Esta madera no arderá...", "Por esta herida respira…", "Idéntica pregunta…", "Nos romperemos la ropa…", "Comienzan por cortar...", "Queríamos que quedase algo…", "Helicópteros rocían agua", "De Boston a Providence", "Atenas arde…", "SB 1070", "Dos españas", "No quiero volver, mamá…", Bajemos de una vez..." y "¿Qué buscas, lectora/lector?..." aparecieron en *Extracción* (Ciudad de México: El Tucán de Virginia, 2013) / *Dietario* (Madrid: Amargord, 2015) / *Integral* (Richmond: Casa Vacía, 2024).

"Oígo la voz del búho es mi her", "Aquella rama aquella sombra" y "Todos los riesgos asumí" proceden del libro en preparación *Cesura*.

Índice

COMO QUIEN NADA ENTIENDE
de Beniro del Pliego
-3/10 de la Colección Capitanes 1-
se terminó de editar y maquetar
por Nautilus Ediciones
en Zaragoza, España,
en abril de 2024.